Impressum
Verlag: BABADADA GmbH, Nedderfeld 112 , 22529 Hamburg
Geschäftsführer / Verlagsleitung: Harald Hof
Druck: Books on Demand GmbH, In de Tarpen 42, 22848 Norderstedt

Imprint
Publisher: BABADADA GmbH, Nedderfeld 112 , 22529 Hamburg, Germany
Managing Director / Publishing direction: Harald Hof
Print: Books on Demand GmbH, In de Tarpen 42, 22848 Norderstedt

sekolahan
l'école

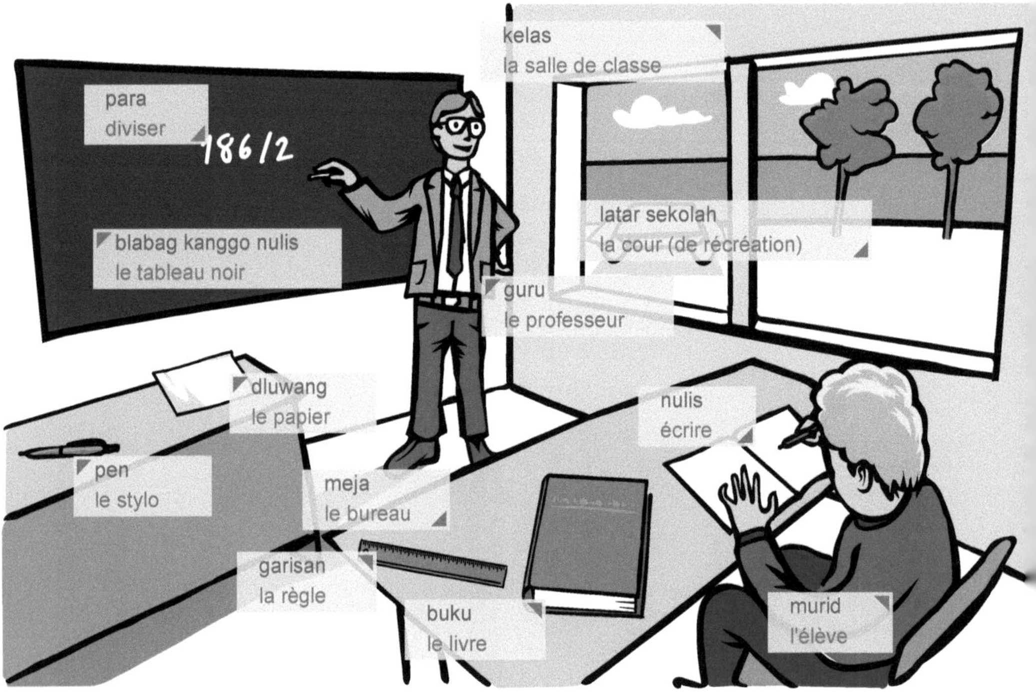
kelas
la salle de classe
para
diviser
186/2
blabag kanggo nulis
le tableau noir
latar sekolah
la cour (de récréation)
guru
le professeur
dluwang
le papier
nulis
écrire
pen
le stylo
meja
le bureau
garisan
la règle
buku
le livre
murid
l'élève

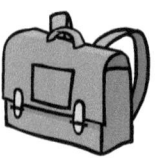

tas sekolah

le cartable

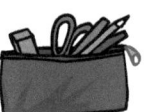

tepak potlot

la trousse

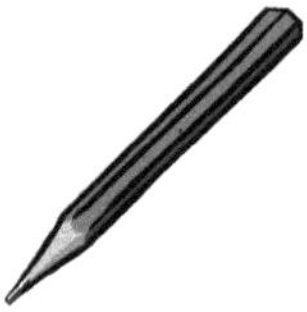

potlot

le crayon

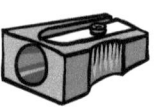

orotan potlot

le taille-crayon

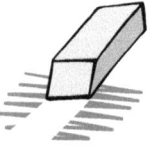

setip

la gomme

lemek nggambar

le carnet à dessin

gambar

le dessin

kuwas

le pinceau

tepak cat nggambar

la boîte de peinture

gunting

les ciseaux

lem

la colle

buku latihan soal

le cahier d'exercices

pakaryan omah

les devoirs

angka

le chiffre

tambah

additionner

suda

soustraire

ping

multiplier

itung

calculer

aksara

la lettre

abjad

l'alphabet

tembung

le mot

teks

le texte

maca

lire

kapur

la craie

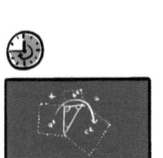

wulangan

la leçon

dhaptar

le livre de classe

ujian

l'examen

sertipikat

le certificat

sragam sekolah

l'uniforme scolaire

pendhidhikan

la formation

ensiklopedia

le lexique

universitas

l'université

mikroskop

le microscope

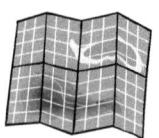

peta

la carte

kranjang larahan

la corbeille à papier

perjalanan
le voyage

hotel
l'hôtel
Grand
hostel
l'auberge
ROOMS
CHANGE
pertukaran duit mancanegara
eau de change
koper
la valise
mobil
la voiture

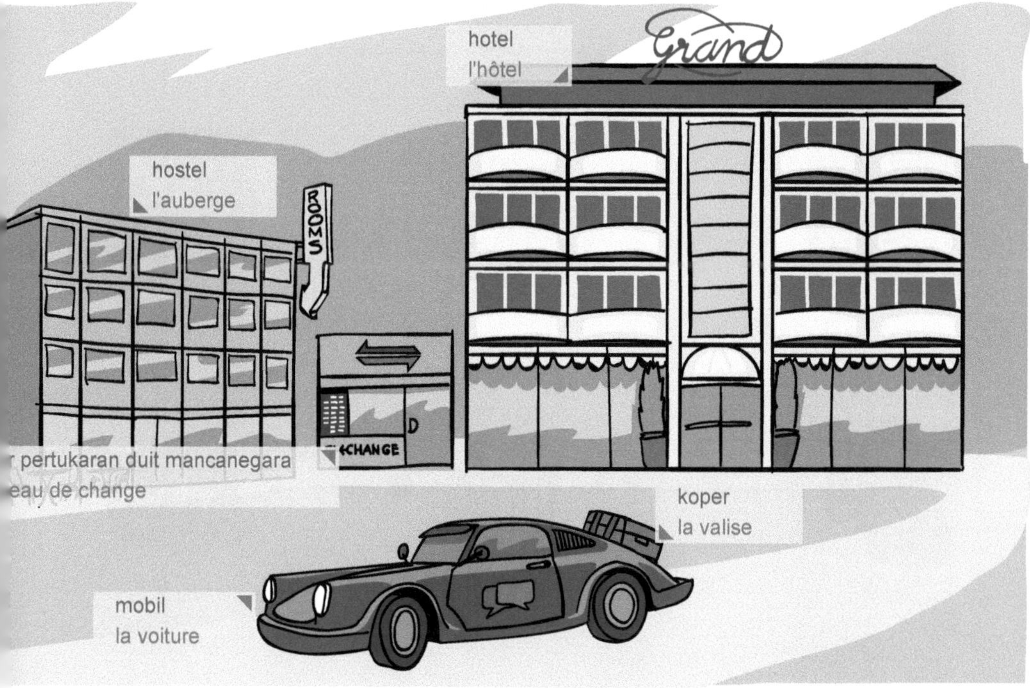

basa
la langue

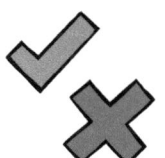

iya / ora
oui / non

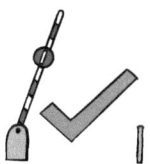

oke
d'accord

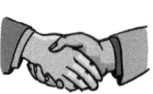

halo
Salut

juru basa
l'interprète

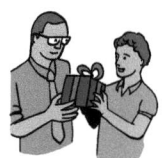

matur nuwun
merci

Piro regane ...?

Combien coûte...?

aku ora ngerti

Je ne comprends pas

masalah

le problème

Sugeng dalu!

Bonsoir !

Sugeng enjang

Bonjour !

Sugeng dalu!

Bonne nuit !

pareng

Au revoir

arah

la direction

koper

les bagages

tas

le sac

ransel

le sac-à-dos

tamu

l'hôte

kamar

la pièce

kantong turu

le sac de couchage

tenda

la tente

informasi turis

l'office de tourisme

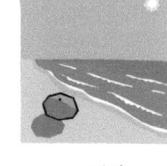

pantai

la plage

kertu kredit

la carte de crédit

sarapan

le petit-déjeuner

mangan awan

le déjeuner

mangan ing wayah bengi

le dîner

tiket

le billet

lift

l'ascenseur

perangko

le timbre

watesan

la frontière

cukai

la douane

kedutaan

l'ambassade

visa

le visa

paspor

le passeport

angkutan

le transport

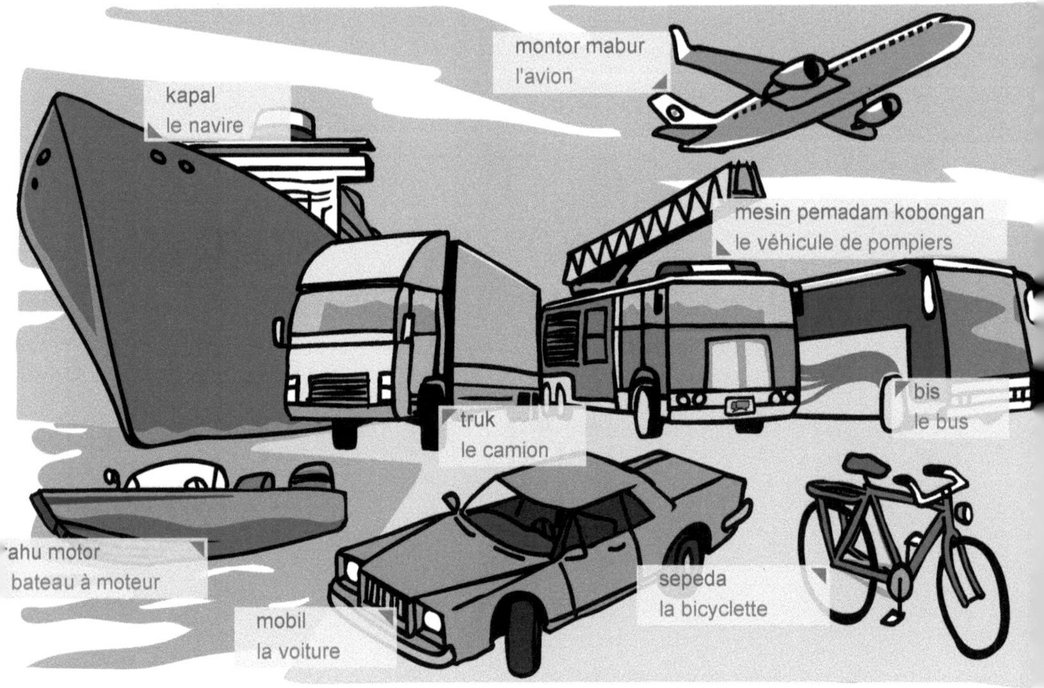

montor mabur
l'avion
kapal
le navire
mesin pemadam kobongan
le véhicule de pompiers
bis
le bus
truk
le camion
ahu motor
bateau à moteur
sepeda
la bicyclette
mobil
la voiture

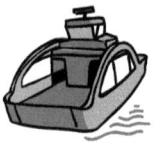

feri

le ferry

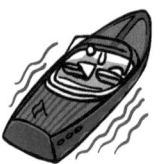

perahu

la barque

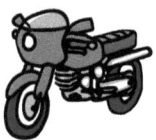

sepeda motor

la moto

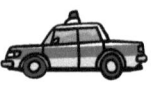

mobil polisi

la voiture de police

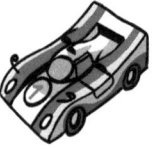

mobil balapan

la voiture de course

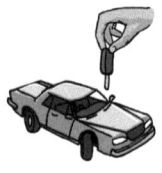

mobil sewa

la voiture de location

sewa mobil

l'auto-partage

truk derek

la voiture de remorquage

truk resek

la benne à ordures

motor

le moteur

bensin

l'essence

pom bensin

la station d'essence

tanda dalan

le panneau indicateur

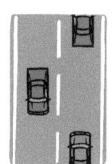

lalu lintas

le trafic

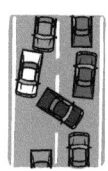

macet

l'embouteillage

parkir mobil

le parking

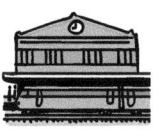

stasiun sepur

la gare

ril sepur

les rails

sepur

le train

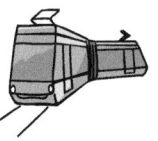

tram

le tramway

grobak

le wagon

helikopter

l'hélicoptère

lapangan montor mabur

l'aéroport

menara

la tour

penumpang

le passager

kontener

le conteneur

kerdhus

le carton

troli

le chariot

kranjang

la corbeille

mabur / ndarat

décoller / atterrir

kutha
la ville

desa

le village

tengah kutha

le centre-ville

omah

la maison

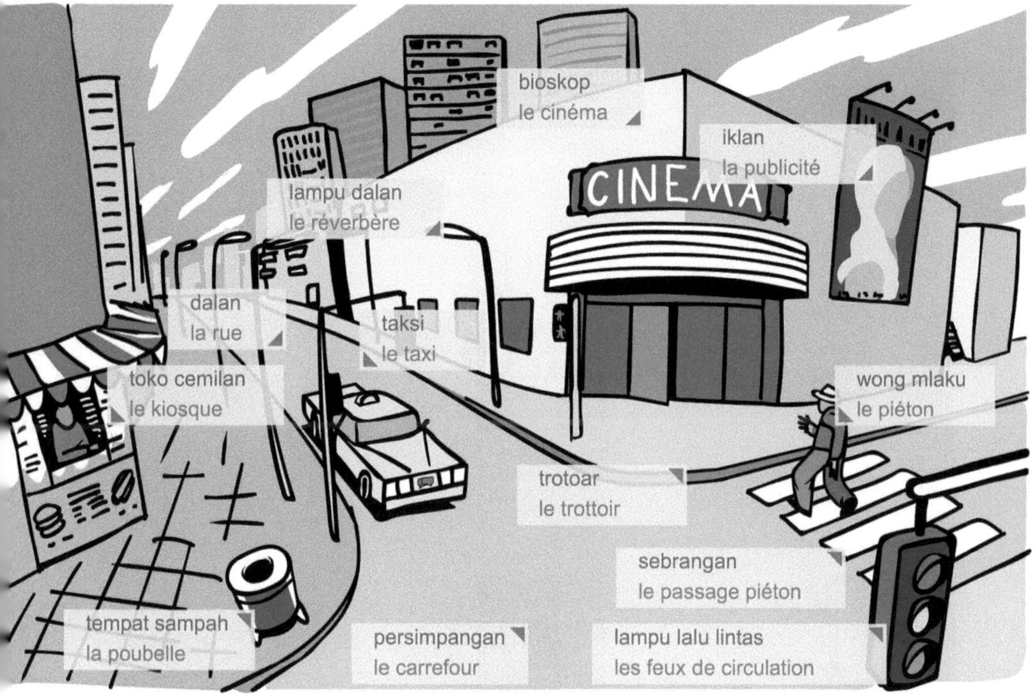

bioskop
le cinéma

iklan
la publicité

lampu dalan
le réverbère

dalan
la rue

taksi
le taxi

toko cemilan
le kiosque

wong mlaku
le piéton

CINEMA

trotoar
le trottoir

sebrangan
le passage piéton

tempat sampah
la poubelle

persimpangan
le carrefour

lampu lalu lintas
les feux de circulation

gubuk

la cabane

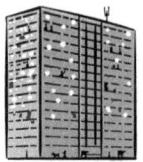

apartemen

l'appartement

stasiun sepur

la gare

bale kutha

la mairie

museum

le musée

sekolahan

l'école

universitas
l'université

bank
la banque

griya sakit
l'hôpital

hotel
l'hôtel

apotek
la pharmacie

kantor
le bureau

toko buku
la librairie

toko
le magasin

toko kembang
le fleuriste

supermarket
le supermarché

pasar
le marché

toko sarwa ana
le grand magasin

toko iwak
la poissonnerie

mal
le centre commercial

pelabuhan
le port

taman

le parc

bangku

la banque

tretek

le pont

andha

les escaliers

metro

le métro

trowongan

le tunnel

halte bis

l'arrêt de bus

bar

le bar

restoran

le restaurant

kotak surat

la boîte à lettres

pratandha dalan

le panneau indicateur

meteran parkir

le parcmètre

kebon kewan

le zoo

kolam renang

le réverbère

masjid

la mosquée

kebon

la ferme

polusi

la pollution

kuburan

la cimetière

greja

l'église

panggon dolanan

l'aire de jeux

candi

le temple

lanskap
le paysage

godong
la feuille

plang
le panneau indicateur

dalan
le chemin

beran
le pré

watu
la pierre

uwit
l'arbre

wong munggah
le randonneur

kali
la rivière

suket
l'herbe

kembang
la fleur

lembah

la vallée

bukit

la montagne

tlogo

le lac

alas

la forêt

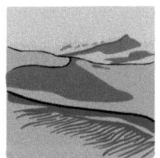

ara-ara

le désert

gunung geni

le volcan

keraton

le château

kluwung

l'arc-en-ciel

jamur

le champignon

uwit palem

le palmier

lemut

le moustique

laler

la mouche

semut

les fourmis

tawon

l'abeille

angga-angga

l'araignée

kumbang

le coléoptère

kodok

la grenouille

bajing

l'écureuil

landhak

le hérisson

truwelu

le lièvre

manuk dares

la chouette

manut

l'oiseau

banyak

le cygne

celeng

le sanglier

kidang

le cerf

menjangan

l'élan

bendungan

le barrage

turbin angin

l'éolienne

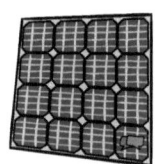

panel srengenge

le panneau solaire

iklim

le climat

restoran
le restaurant

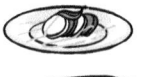

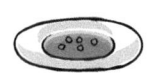

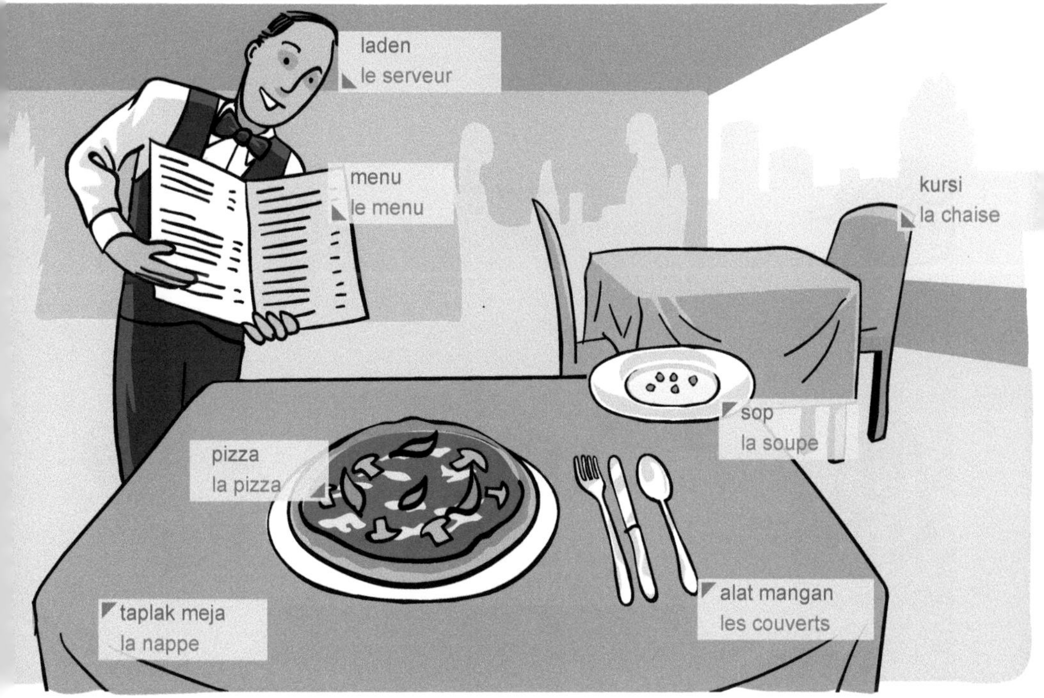
laden
le serveur
menu
le menu
kursi
la chaise
sop
la soupe
pizza
la pizza
alat mangan
les couverts
taplak meja
la nappe

hidangan pambuka

les hors d'œuvre

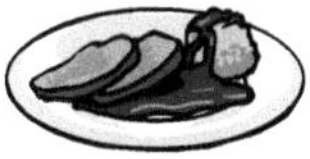

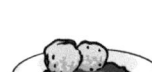

menu utama

le plat principal

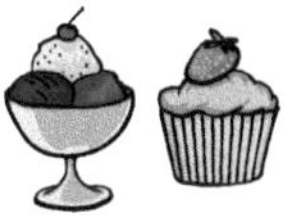

hidangan penutup

le dessert

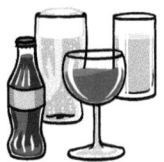

ombenan

les boissons

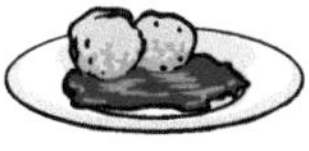

panganan

l'alimentation

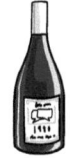

gendul

la bouteille

panganan instan

le fast-food

jajan cemilan

les plats à emporter

ceret teh

la théière

kaleng gula

le sucrier

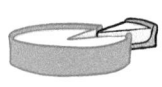

porsi

la portion

mesin espresso

la machine à expresso

kursi duwur

la chaise haute

tagihan

la facture

baki

le plateau

lading

le couteau

sendok garpu

la fourchette

sendok

la cuillère

sendok teh

la cuillère à thé

serbet

la serviette

gelas

le verre

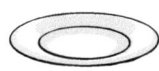

piring

l'assiette

piring sop

l'assiette à soupe

lepek

la soucoupe

duduh

la sauce

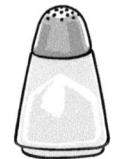

gendul uyah

la salière

bubuk mrico

le moulin à poivre

cuka

le vinaigre

lenga

l'huile

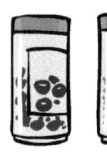

bumbon

les épices

saos tomat

le ketchup

mustar

la moutarde

mayones

la mayonnaise

supermarket
le supermarché

tawaran khusus
l'offre promotionnelle
FOR
langganan
le client
produk saka susu
les produits laitiers
woh-wohan
les fruits
troli
le chariot

BUTCHERS

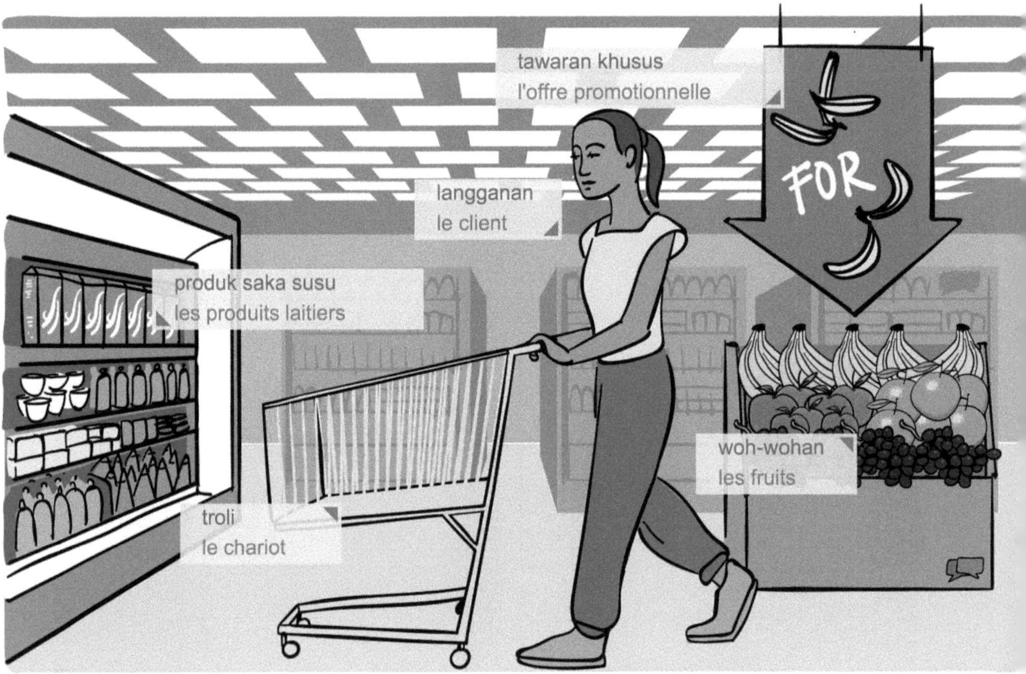

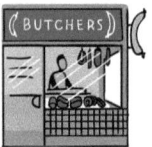

toko daging

la boucherie

BAKERY

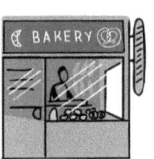

toko roti

la boulangerie

nimbang

peser

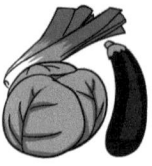

janganan

les légumes

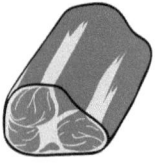

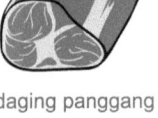

daging panggang

la viande

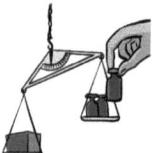

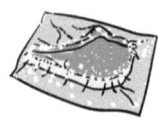

panganan beku

les aliments surgelés

irisan daging

la charcuterie

panganan kaleng

les conserves

deterjen

la poudre à lessive

permen

les bonbons

produk reresik omah

les articles ménagers

produk reresik

les détergents

bakul

la vendeuse

mesin kasir

la caisse

kasir

le caissier

daftar blanja

la liste d'achats

jam buka

les heures d'ouverture

dompet

le portefeuille

kertu kredit

la carte de crédit

tas

le sac

tas kresek

le sac en plastique

banyu

l'eau

jus

le jus de fruit

susu

le lait

ombenan kanthi karbon

le coca

anggur

le vin

bir

la bière

alkohol

l'alcool

coklat

le chocolat chaud

teh

le thé

kopi

le café

espresso

l'expresso

cappuccino

le cappuccino

gedhang

la banane

apel

la pomme

jeruk

l'orange

semangka

le melon

jeruk lemon

le citron.

wortel

la carotte

bawang

l'ail

pring

le bambou

bawang

l'oignon

jamur

le champignon

kacang

les noisettes

bakmi

les pâtes

spageti

les spaghetti

sego

le riz

salad

la salade

kentang goreng

les pommes frites

kentang goreng

les pommes de terre rôties

pizza

la pizza

hamburger

le hamburger

roti isi

le sandwich

daging irisan

l'escalope

daging ham

le jambon

salami

le salami

sosis

la saucisse

pitik

le poulet

daging panggang

le rôti

iwak

le poisson

panganan - l'alimentation

bubur gandum

les flocons d'avoine

muesli

le muesli

sereal jagung

les cornflakes

glepung

la farine

croissant

le croissant

roti

les petits-pains

roti

le pain

roti panggang

le pain grillé

biskuit

les biscuits

mertega

le beurre

dadih

le fromage blanc

kue

le gâteau

endog

l'œuf

endog goreng

l'œuf au plat

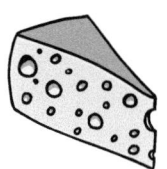

keju

le fromage

es krim

la glace

gula

le sucre

madu

le miel

sele

la confiture

krim nugat

la crème nougat

kare

le curry

kebon
la ferme

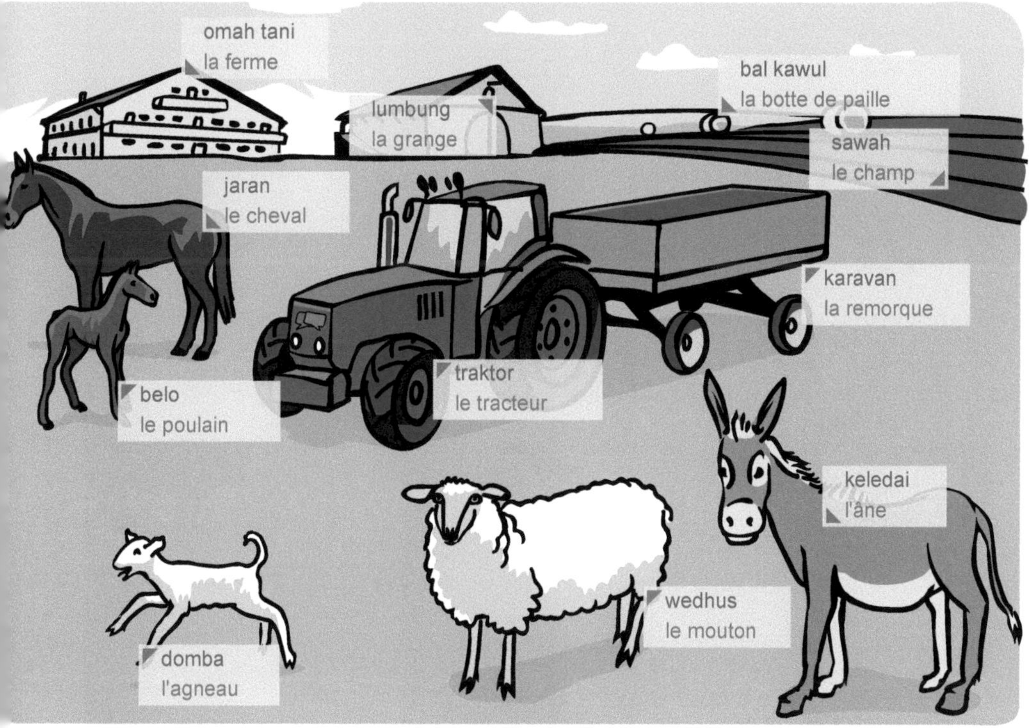

omah tani
la ferme
lumbung
la grange
bal kawul
la botte de paille
sawah
le champ
jaran
le cheval
karavan
la remorque
traktor
le tracteur
belo
le poulain
keledai
l'âne
wedhus
le mouton
domba
l'agneau

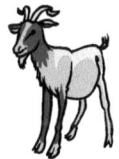

wedhus

la chèvre

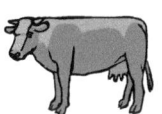

sapi

la vache

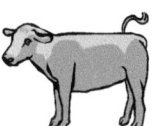

pedhet

le veau

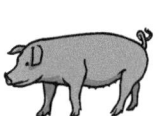

babi

le porc

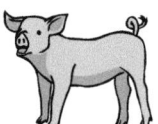

gambluk

le porcelet

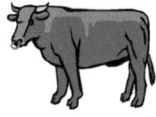

kebo

le taureau

banyak
....
l'oie

bebek
....
le canard

kuthuk
....
le poussin

babon
....
la poule

jago
....
le coq

tikus
....
le rat

kucing
....
le chat

tikus
....
la souris

sapi
....
le bœuf

asu
....
le chien

kandang asu
....
le chenil

selang
....
le tuyau de jardin

gembor
....
l'arrosoir

arit gede
....
la faucheuse

waluku
....
la charrue

arit gede

la faucille

pacul

la pioche

garu

la fourche

kapak

la hache

grobak surung

la brouette

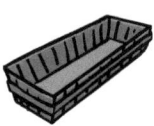

wadah pakan

la cuve

kaleng susu

le pot à lait

karung

le sac

pager

la clôture

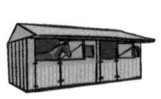

kandang

l'étable

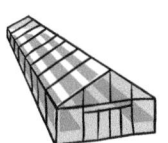

omah kaca

le serre

lemah

le sol

wiji

les semences

rabuk

l'engrais

traktor panen

la moissonneuse-batteuse

manen

récolter

panen

la récolte

ubi

l'igname

gandum

le blé

kedelai

le soja

kentang

la pomme de terre

jagung

le maïs

lobak

le colza

wit woh-wohan

l'arbre fruitier

telo

le manioc

sereal

les céréales

omah

la maison

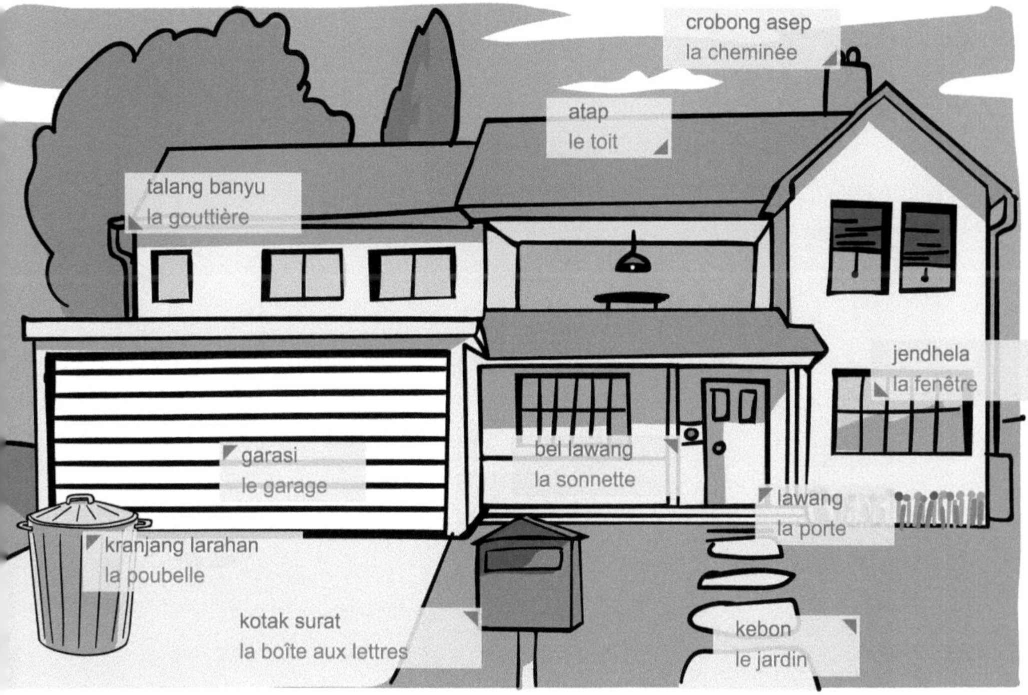
crobong asep
la cheminée
atap
le toit
talang banyu
la gouttière
jendhela
la fenêtre
bel lawang
la sonnette
garasi
le garage
lawang
la porte
kranjang larahan
la poubelle
kotak surat
la boîte aux lettres
kebon
le jardin

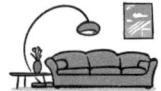

ruang tamu

le salon

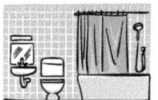

jedhing

la salle de bain

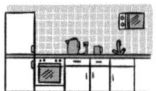

pawon

la cuisine

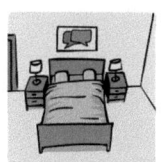

kamar turu

la chambre à coucher

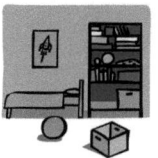

kamar anak

la chambre d'enfant

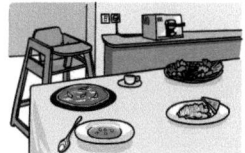

kamar panedhaan

la salle à manger

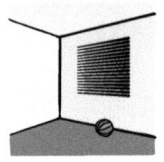

jobin

le sol

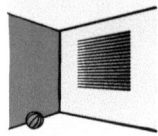

tembok

le mur

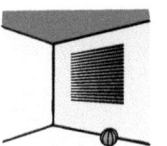

pyan

le plafond

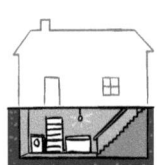

gudhang ing njero lemah

la cave

sauna

le sauna

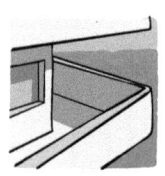

balkon

le balcon

teras

la terrasse

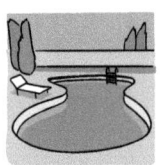

blumbang kanggo nglangi

la piscine

mesin kanggo motong suket

la tondeuse à gazon

lembaran

la housse

sprei

la couette

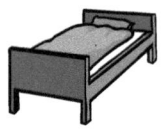

dipan

le lit

sapu

le balai

ember

le sceau

tombol

l'interrupteur

ruang tamu
le salon

kertas tembok
le papier peint
gambar
l'image
lampu
la lampe
rak
l'étagère
lemari
l'armoire
TV
la télé
perapian
la cheminée
kembang
la fleur
bantal
le coussin
sofa
le sofa
vas
le vase
remot kontrol
la télécommande

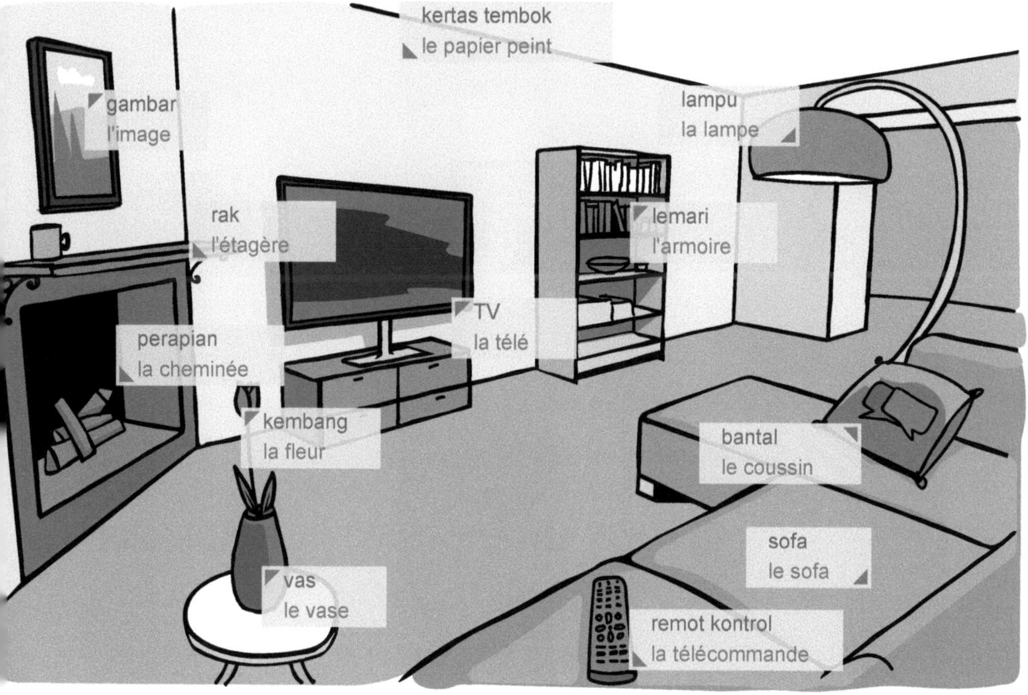

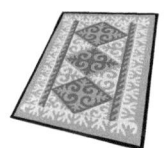

karpet

le tapis

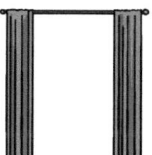

korden

le rideau

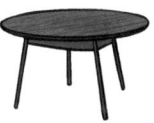

meja

la table

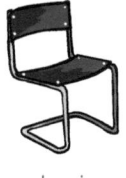

kursi

la chaise

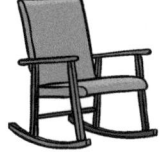

kursi goyang

la chaise à bascule

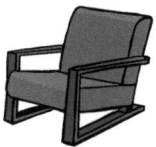

kursi tangan

le fauteuil

buku

le livre

selimut

la couverture

dekorasi

la décoration

kayu bakar

le bois de chauffage

film

le film

hi-fi

la chaîne hi-fi

kunci

la clé

koran

le journal

lukisan

la peinture

poster

le poster

radio

la radio

buku catetan

le bloc-notes

penyedot lebut

l'aspirateur

kaktus

le cactus

lilin

la bougie

pawon
la cuisine

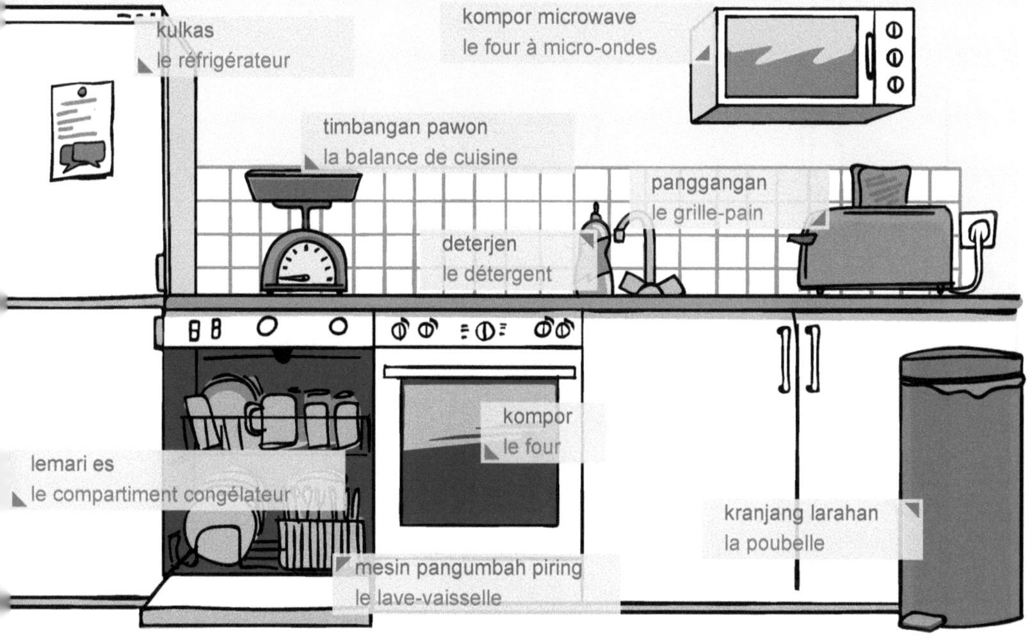

kulkas
le réfrigérateur
kompor microwave
le four à micro-ondes
timbangan pawon
la balance de cuisine
panggangan
le grille-pain
deterjen
le détergent
kompor
le four
lemari es
le compartiment congélateur
kranjang larahan
la poubelle
mesin pangumbah piring
le lave-vaisselle

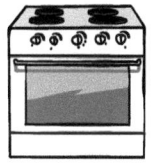

kompor

le four

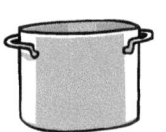

panci

la casserole

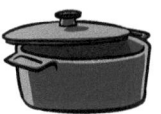

panci wesi

la marmite

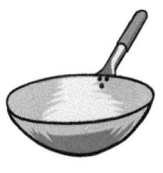

wajan

le wok / kadai

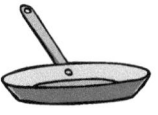

wajan

la poêle

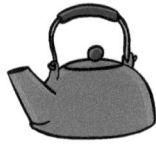

ceret

la bouilloire electrique

kukusan

le cuiseur vapeur

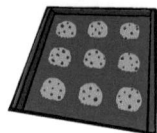

loyang

la plaque de cuisson

pecah belah

la vaisselle

mug

le gobelet

mangkok

la coupe

sumpit

les baguettes

irus

la louche

solet

la spatule

udeg

le fouet

ayakan

la passoire

saringan

le tamis

parutan

la râpe

lumpang

le mortier

panggangan

le barbecue

geni

la cheminée

telenan

la planche à découper

gilingan adonan

le rouleau à pâtisserie

kotrek

le tire-bouchon

kaleng

la boîte

bukaan kaleng

l'ouvre-boîte

cempal

les maniques

wastafel

le lavabo

sikat

la brosse

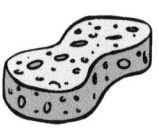

sepon

l'éponge

blender

le mixeur

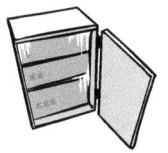

kulkas

le congélateur

gendul bayi

le biberon

kran

le robinet

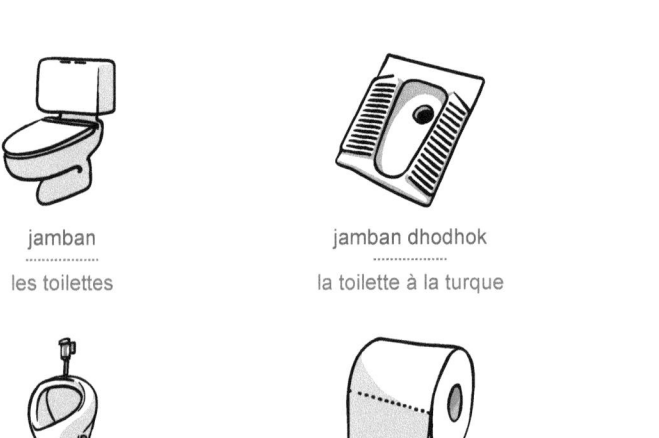

jedhing
la salle de bain

alat manasi
le chauffage
andhuk
la serviette
pancuran
la douche
klambu jedhing
le rideau de douche
adhus unthuk
le bain moussant
bak adhus
la baignoire
gelas
le verre
mesin ngumbah
la machine à laver
kran
le robinet
tekel
le carrelage
pispot
le pot
wastafel
le lavabo

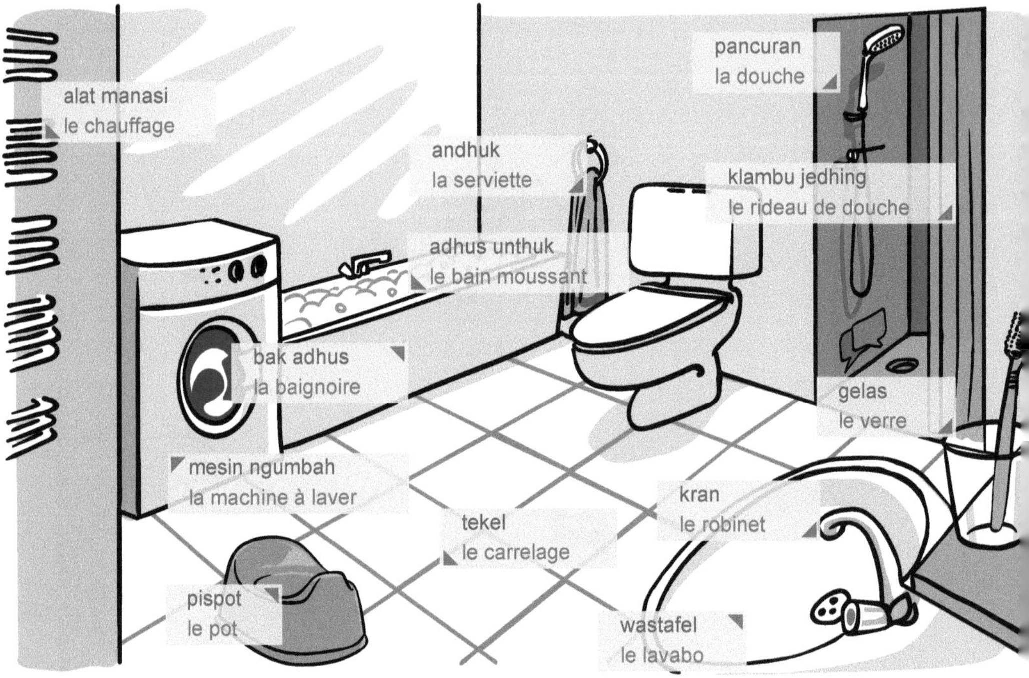

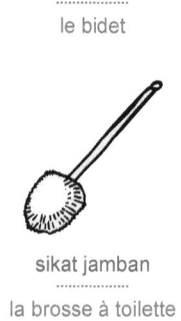

jamban

les toilettes

jamban dhodhok

la toilette à la turque

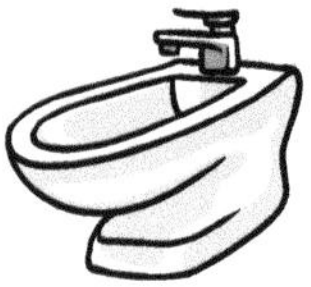

bidet

le bidet

pissoir

l'urinoir

tisu jamban

le papier toilette

sikat jamban

la brosse à toilette

sikat untu

la brosse à dents

odol

le dentifrice

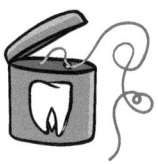

bolah untu

le fil dentaire

ngumbahi

laver

gagang shower

la douche manuelle

pancuran

la douche intime

baskom

la vasque

sikat geger

la brosse dorsale

sabun

le savon

gel pancuran

le gel douche

sampo

le shampooing

hem

le gant de toilette

nguras

l'écoulement

krim

la crème

deodoran

le déodorant

pangilon

le miroir

koco tangan

le miroir cosmétique

silet

le rasoir

umpluk cukur

la mousse à raser

aftershave

l'après-rasage

jungkat

la peigne

sikat untu

la brosse

hairdryer

le sèche-cheveux

hairspray

la laque pour cheveux

dandanan

le fond de teint

gincu

le rouge à lèvres

kuteks

le vernis à ongles

kapas

l'ouate

gunting kuku

le coupe-ongles

parfum

le parfum

kantong adhus

la trousse de toilette

dingklik

le tabouret

timbangan

le pèse-personne

ubah kanggo sawise adhus

le peignoir

sarung karet

les gants de nettoyage

tampon

le tampon

pembalut

les serviettes hygiéniques

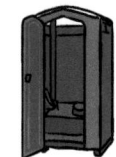

jamban nganggo bahan kimia

la toilette chimique

kamar anak

la chambre d'enfant

alarm jam
le réveil
dolanan empuk
le doudou
mobil-mobilan
la voiture jouet
kumretek
le hochet
omah boneka
la maison de poupée
hadiah
le cadeau

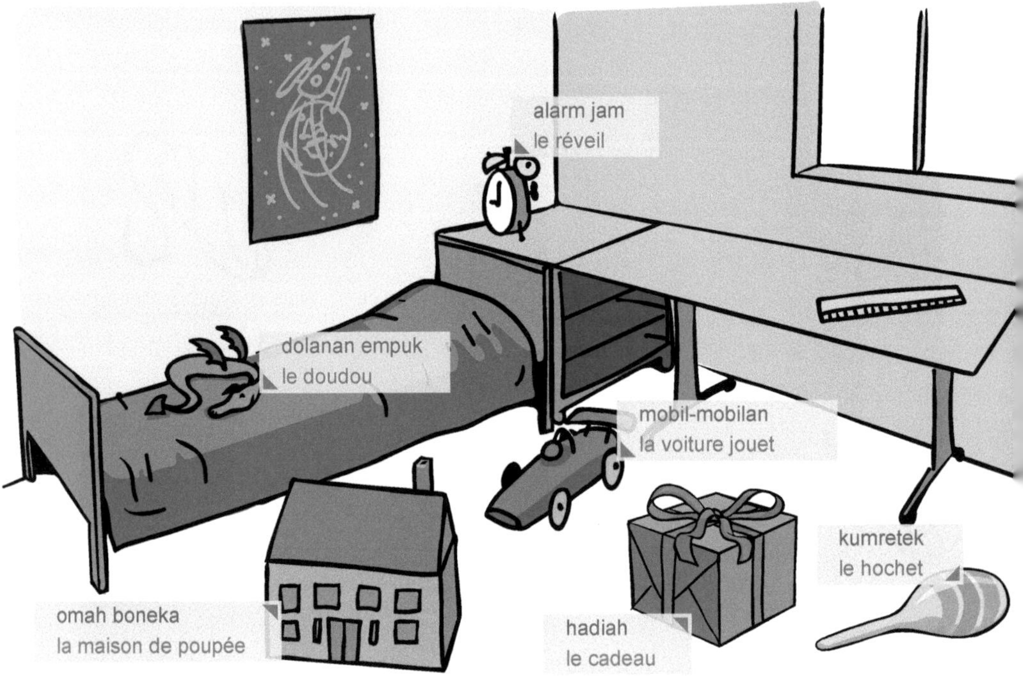

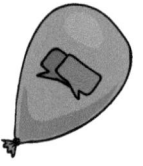

balon

le ballon

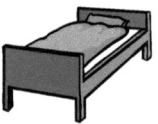

dipan

le lit

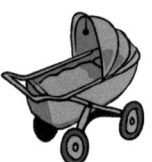

kreto bayi

la poussette

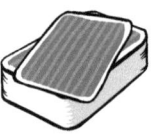

meja kertu

le jeu de cartes

teka-teki

le puzzle

SUPER
MEGA

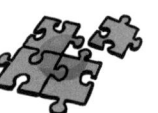

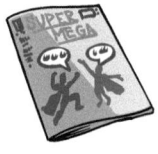

komik

la bande dessinée

bata lego

les pièces lego

balok dolanan

les blocs de construction

boneka aksi

la figurine

klambi bayi

la grenouillère

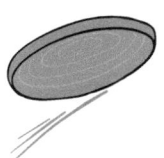

frisbee

le frisbee

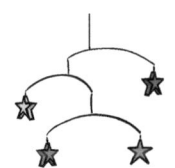

dolanan gantungan

le mobile

dolanan meja

le jeu de société

dadu

le dé

sepur dolanan

le train miniature

dot

la sucette

pesta

la fête

buku gambar

le livre d'images

bal

la balle

boneka

la poupée

dolanan

jouer

panggon dolanan pasir

le bac à sable

ayunan

la balançoire

dolanan

les jouets

konsol video game

la console de jeu

sepeda roda telu

le tricycle

beruang teddy

l'ours en peluche

lemari sandhangan

l'armoire

klambi

les vêtements

kaos kaki

les chaussettes

stoking

les bas

kathok singset

le collant

slendang
l'écharpe

payung
le parapluie

kaos oblong
le t-shirt

sabuk
la ceinture

sepatu bot
les bottes

slop
les pantoufles

sepatu kets
les baskets

sandal
les sandales

sepatu
les chaussures

sepatu bot karet
les bottes de caoutchouc

sempak
les sous-vêtements

kutang
le soutien-gorge

rompi
le maillot de corps

klambi - les vêtements

awak

le body

kathok

le pantalon

kathok jins

le jean

rok

la jupe

blus

le chemisier

klambi

la chemise

jaket nganggo kudung

le pull

sweter

le sweat à capuche

blezer

la veste

jaket

la veste

mantel

le manteau

jas udan

l'imperméable

kostum

le costume

gaun

la robe

gaun manten

la robe de mariée

setelan

le costume

klambi kanggo turu

la chemise de nuit

piyama

le pyjama

kain sari

le sari

kudung

le foulard

serban

le turban

cadar

la burqa

kaftan

le caftan

abaya

l'abaya

klambi kanggo nglangi

le maillot de bain

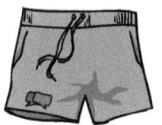

kathok renang

le maillot de bain

kathok cekak

le short

klambi trening

la tenue d'entraînement

celemek

le tablier

sarung tangan

les gants

benik

le bouton

kacamata

les lunettes

gelang

le bracelet

kalung

le collier

ali-ali

la bague

anting-anting

la boucle d'oreille

peci

le bonnet

gantungan mantel

le cintre

topi

le chapeau

dasi

la cravate

slerekan

la fermeture éclair

helem

le casque

bretel

les bretelles

sragam sekolah

l'uniforme scolaire

sragam

l'uniforme

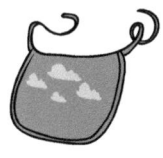

oto

le bavoir

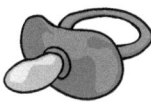

dot

la sucette

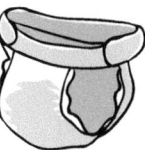

popok

la lange

kantor

le bureau

server
le serveur
lemari arsip
l'armoire d'archivage
printer
l'imprimante
dluwang
le papier
monitor
l'écran
mouse
la souris
meja
le bureau
folder
le classeur
papan tombol
le clavier
kranjang larahan
la corbeille à papier
komputer
l'ordinateur
kursi
la chaise

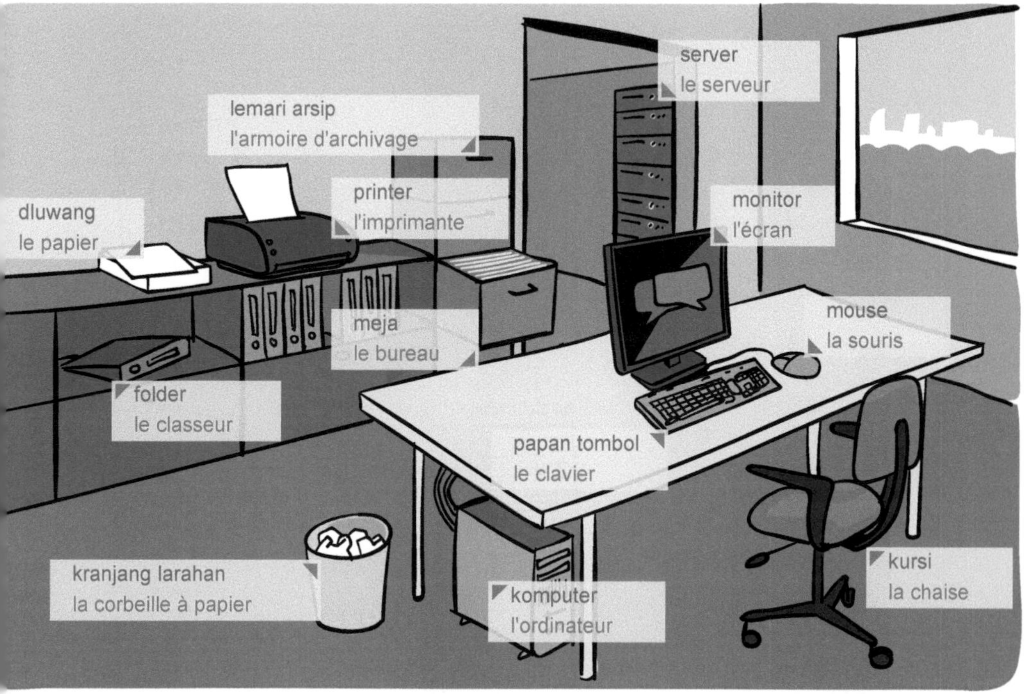

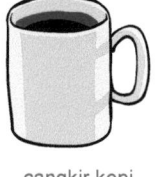

cangkir kopi

la tasse de café

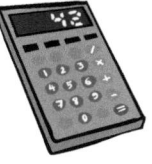

kalkulator

la calculatrice

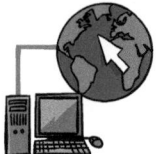

internet

l'internet

laptop

l'ordinateur portable

surat

la lettre

pesen

le message

HP

le portable

jaringan

le réseau

mesin fotokopi

la photocopieuse

software

le logiciel

telpon

le téléphone

colokan

la prise

mesin faksimili

le fax

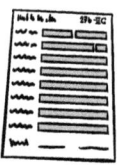

blangko

le formulaire

dokumen

le document

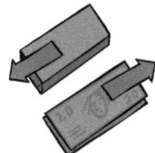

tuku

acheter

mbayar

payer

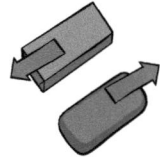

bebakulan

faire du commerce

duit

la monnaie

dolar

le dollar

euro

l'euro

yen

le yen

rubel

le rouble

franc Swiss

le franc suisse

yuan renminbi

le renminbi yuan

rupe

la roupie

cash point

le distributeur automatique

kantor pertukaran duit
mancanegara

le bureau de change

emas

l'or

perak

l'argent

minyak

le pétrole

energi

l'énergie

rego

le prix

kontrak

le contrat

pajek

la taxe

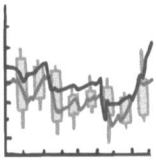

saham

l'action

kerjo

travailler

pegawe

l'employé

juragan

l'employeur

pabrik

l'usine

toko

le magasin

gawean
les professions

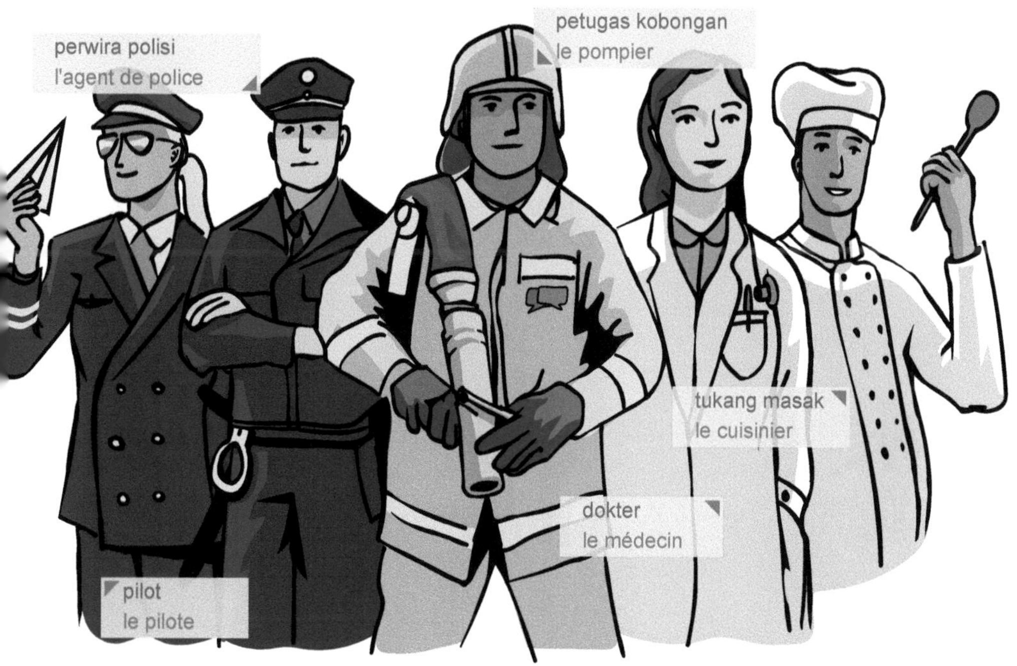

perwira polisi
l'agent de police
petugas kobongan
le pompier
tukang masak
le cuisinier
dokter
le médecin
pilot
le pilote

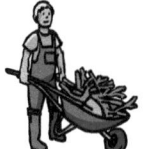

tukang kebon

le jardinier

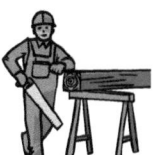

tukang kayu

le menuisier

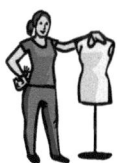

tukang jahit

la couturière

hakim

le juge

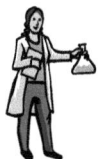

ahli kimia

le chimiste

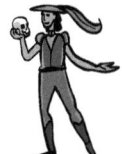

aktor

l'acteur

sopir bis

le conducteur de bus

sopir taksi

le chauffeur de taxi

nelayan

le pêcheur

tukang reresik

la femme de ménage

tukang pasang gendheng

le couvreur

laden

le serveur

pamburu

le chasseur

pelukis

le peintre

tukang roti

le boulanger

tukang listrik

l'électricien

tukang mbangun

l'ouvrier

insinyur

l'ingénieur

jagal

le boucher

tukang ledeng

le plombier

tukang pos

le facteur

tentara

le soldat

arsitek

l'architecte

kasir

le caissier

bakul kembang

le fleuriste

juru rambut

le coiffeur

kondektur

le contrôleur

mekanik

le mécanicien

kapten

le capitaine

dokter untu

le dentiste

ilmuwan

le scientifique

rabbi

le rabbin

imam

l'imam

biksu

le moine

pandhita

le prêtre

alat

les outils

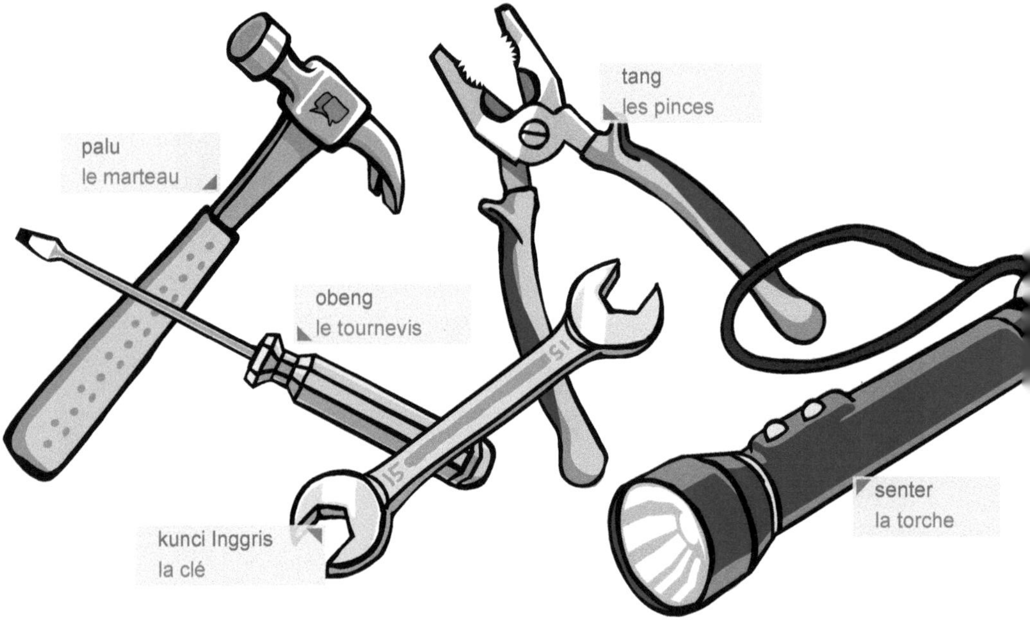
palu
le marteau
tang
les pinces
obeng
le tournevis
kunci Inggris
la clé
senter
la torche

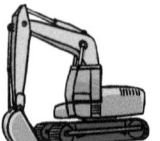

mesin kerukan

la pelleteuse

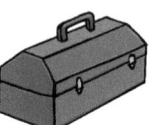

wadah perkakas

la boîte à outils

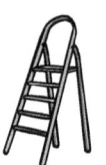

andha

l'échelle

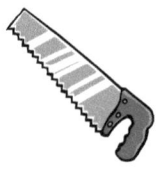

graji

la scie

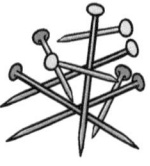

paku

les clous

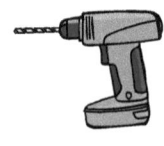

bur

la perceuse

ndandani

réparer

sekop

la pelle

Bajigur!

Mince !

serok

la pelle

kaleng cat

le pot de peinture

sekrup

les vis

alat musik
les instruments de musique

speker
le haut-parleurs

sak set tambur
la batterie

bass dobel
la contrebasse

trompet
la trompette

gitar
la guitare

piano

le piano

biola

le violon

bass

la basse

timpani

les timbales

tambur

le tambour

keyboard

le piano électrique

saksofon

le saxophone

suling

la flûte

mikropon

le microphone

alat musik - les instruments de musique

kebon kewan

le zoo

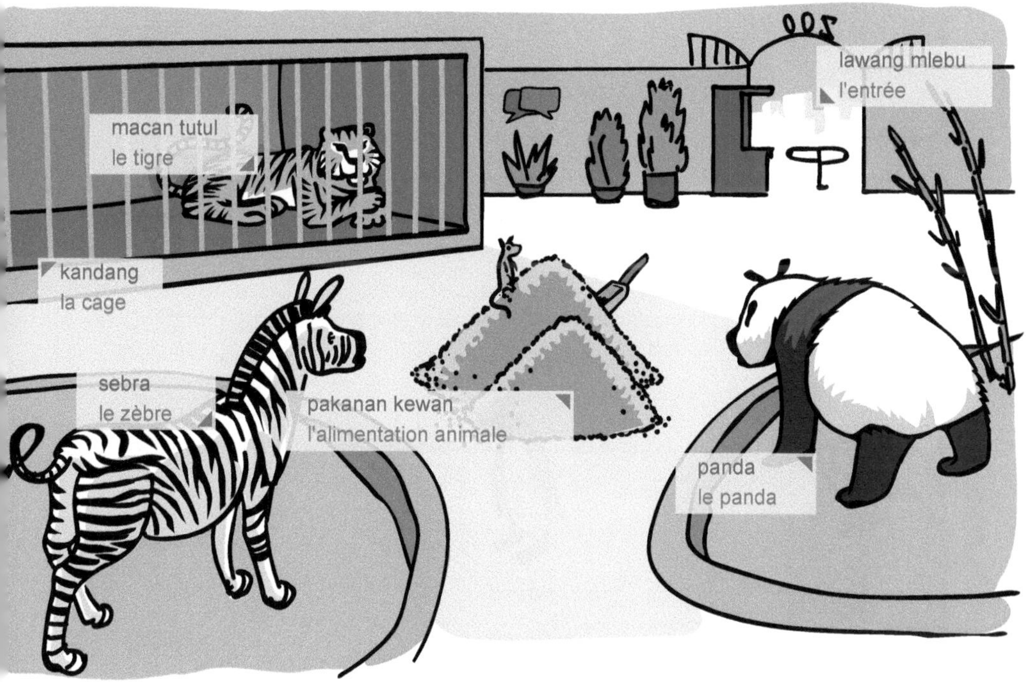
lawang mlebu
l'entrée
macan tutul
le tigre
kandang
la cage
sebra
le zèbre
pakanan kewan
l'alimentation animale
panda
le panda

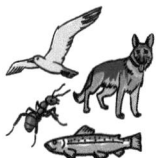

kewan

les animaux

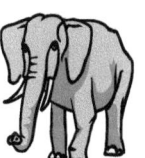

gajah

l'éléphant

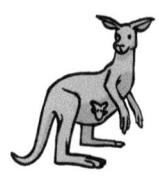

kanguru

le kangourou

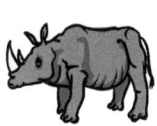

badak

le rhinocéros

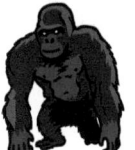

gorila

le gorille

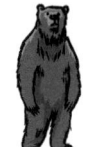

beruang

l'ours

unta

le chameau

manuk unta

l'autruche

singa

le lion

kethek

le singe

flamingo

le flamand rose

bethet

le perroquet

beruang kutub

l'ours polaire

pinguin

le pingouin

hiu

le requin

merak

le paon

ula

le serpent

baya

le crocodile

juru kunci kebon kewan

le gardien de zoo

singa segara

le phoque

jaguar

le jaguar

jaran poni

le poney

macan tutul

le léopard

kuda nil

l'hippopotame

jrapah

la girafe

garudha

l'aigle

celeng

le sanglier

iwak

le poisson

bulus

la tortue

walrus

le morse

rubah

le renard

kidang

la gazelle

bal-balan Amerika
l'american Football

sepedahan
le cyclisme

tenis
le tennis

basket
le basket-ball

nglangi
la natation

hoki es
le hockey sur glace

tinju
la boxe

bal-balan

le football

badminton

le badminton

atletik

l'athlétisme

bal tangan

le handball

ski

le ski

polo

le polo

ngguyu
rire

mencolot
sauter

ngrangkul
embrasser

mlaku
marcher

nembang
chanter

ngimpi
rêver

ndonga
prier

ngambung
faire la bise

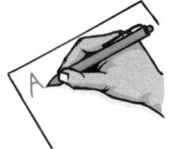

nulis

écrire

nggambar

dessiner

nuduhake

montrer

mencet

pousser

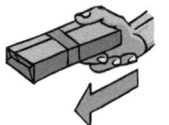

menehi

donner

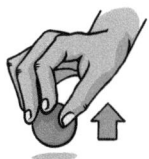

njupuk

prendre

duweni

avoir

nindakake

faire

yaiku

être

ngadek

être debout

mlayu

courir

narik

trier

nguncalake

jeter

tiba

tomber

ngapusi

être couché

ngenteni

attendre

nggawa

porter

lungguh

être assis

klamben

s'habiller

turu

dormir

tangi

se réveiller

ndheleng

regarder

nangis

pleurer

ngelus

caresser

njungkati

peigner

ngomong

parler

mangerteni

comprendre

takon

demander

ngrungoake

écouter

ngombe

boire

mangan

manger

ngrapiake

ranger

nrisnani

aimer

masak

cuire

nyopir

conduire

mabur

voler

nglayar

faire de la voile

itung

calculer

maca

lire

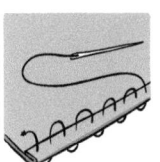

sinau

apprendre

kerjo

travailler

ngrabi

se marier

njahit

coudre

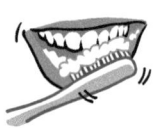

nyikat untu

brosser les dents

mateni

tuer

ngrokok

fumer

ngirim

envoyer

keluarga
la famille

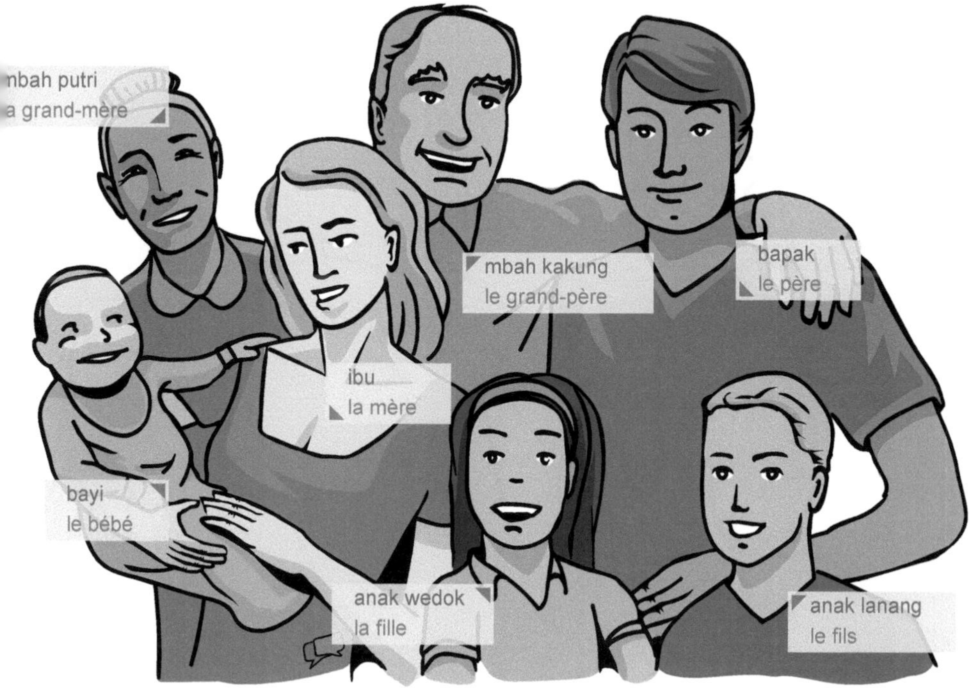

nbah putri
a grand-mère
mbah kakung
le grand-père
bapak
le père
ibu
la mère
bayi
le bébé
anak wedok
la fille
anak lanang
le fils

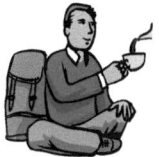

tamu

l'hôte

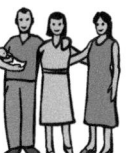

bu lik

la tante

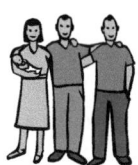

pak lik

l'oncle

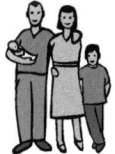

dulur lanang

le frère

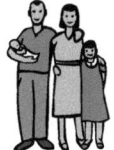

dulur wadon

la sœur

awak

le corps

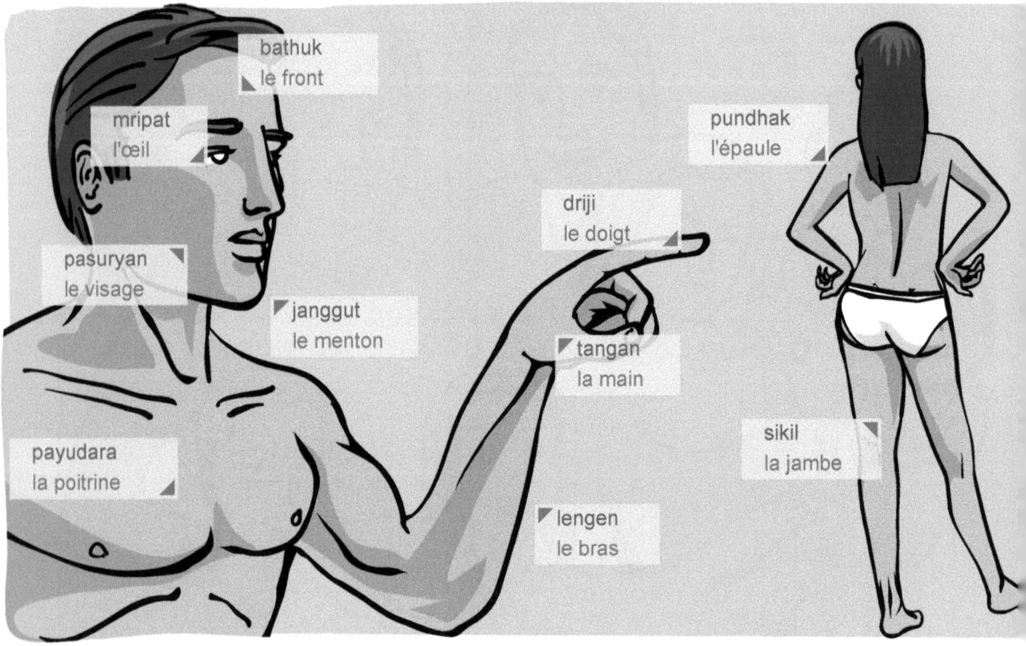

bathuk
le front
mripat
l'œil
pundhak
l'épaule
driji
le doigt
pasuryan
le visage
janggut
le menton
tangan
la main
sikil
la jambe
payudara
la poitrine
lengen
le bras

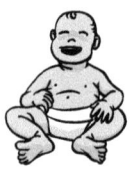

bayi

le bébé

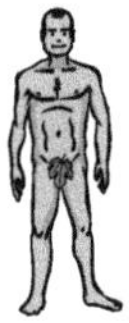

lanang

l'homme

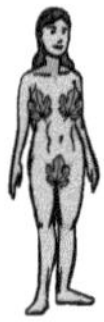

wadon

la femme

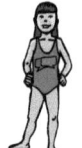

bocah wadon

la fille

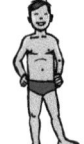

bocah lanang

le garçon

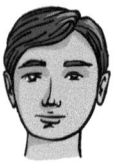

sirah

la tête

geger

le dos

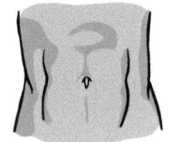

weteng

le ventre

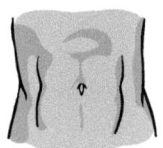

puser

le nombril

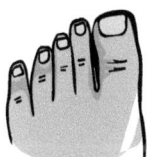

driji sikil

l'orteil

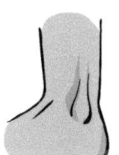

tungkak

le talon

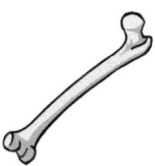

balung

l'os

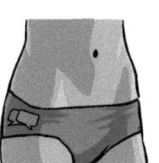

panggul

la hanche

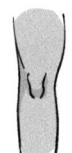

dengkul

le genou

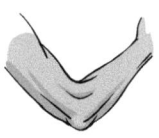

sikut

le coude

irung

le nez

bokong

les fesses

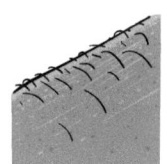

kulit

la peau

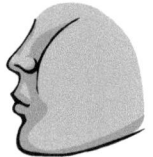

pipi

la joue

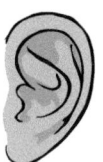

kuping

l'oreille

lambe

la lèvre

lisan

la bouche

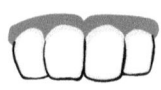

untu

la dent

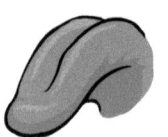

ilat

la langue

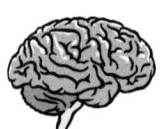

uteg

le cerveau

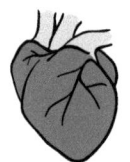

jantung

le cœur

otot

le muscle

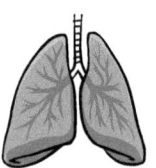

paru

les poumons

ati

le foie

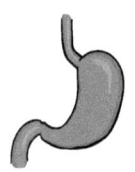

garba

l'estomac

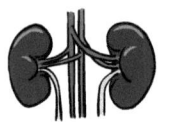

ginjel

les reins

sanggama

le rapport sexuel

kondom

le préservatif

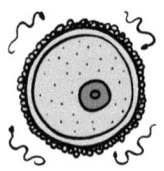

ovum

l'ovule

mani

le sperme

mbobot

la grossesse

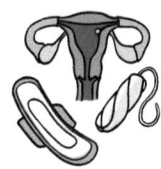

haid

la menstruation

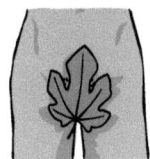

vagina

le vagin

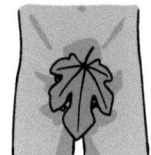

zakar

le pénis

alis

le sourcil

rambut

les cheveux

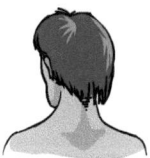

gulu

le cou

griya sakit
l'hôpital

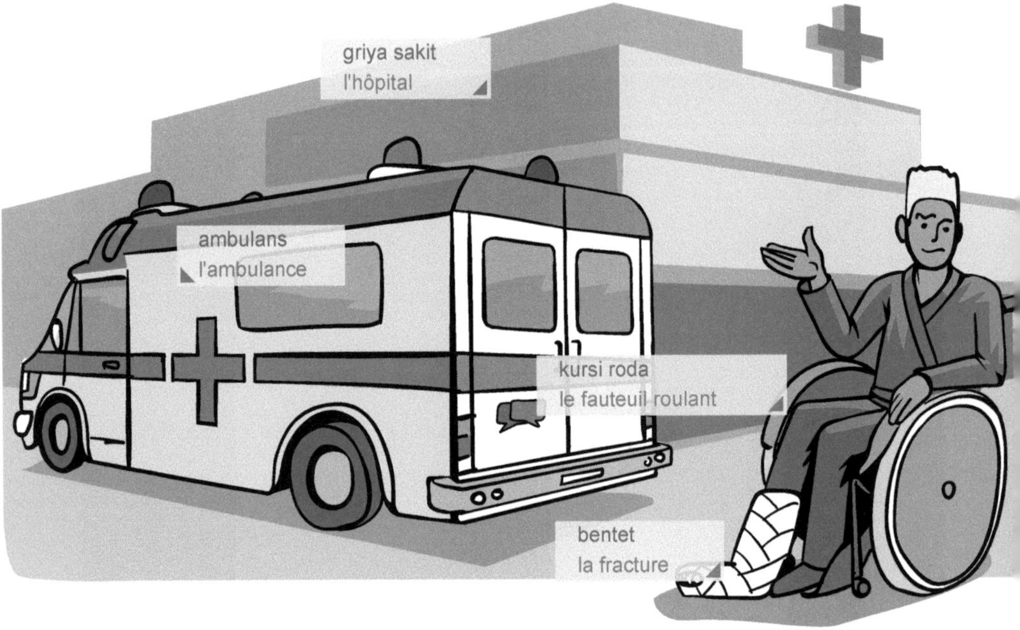

griya sakit
l'hôpital
ambulans
l'ambulance
kursi roda
le fauteuil roulant
bentet
la fracture

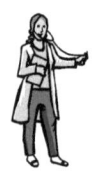

dokter

le médecin

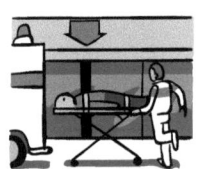

kamar gawat darurat

le service des urgences

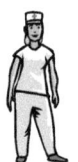

perawat

l'infirmière

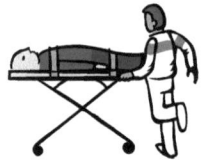

dharurat

l'urgence

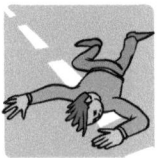

ora sadar

inconscient

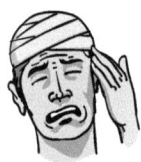

linu

la douleur

tatu

la blessure

getihen

l'hémorragie

serangan jantung

la crise cardiaque

setruk

l'attaque cérébrale

alergi

l'allergie

watuk

la toux

ngelu

la fièvre

pilek

la grippe

diare

la diarrhée

mumet

le mal de tête

kanker

le cancer

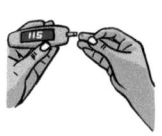

diabetes

le diabète

ahli bedah

le chirurgien

lading bedah

le scalpel

operasi

l'opération

CT

le CT

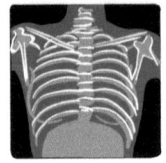

sinar x

la radiographie

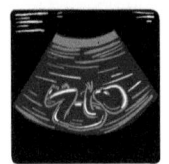

USG

l'échographie

masker

le masque

penyakit

la maladie

kamar nunggu

la salle d'attente

pitulung

la béquille

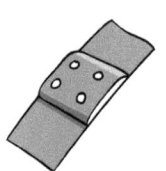

perban

le pansement

perban

le pansement

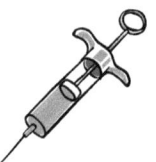

suntik

l'injection

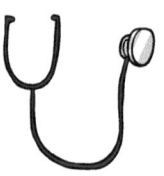

stetoskop

le stéthoscope

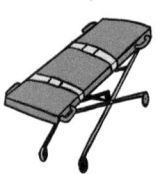

tandu

le brancard

termometer klinik

le thermomètre

lair

l'accouchement

kalemon

la surcharge pondérale

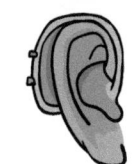

alat bantu dengar

l'appareil auditif

disinfektan

le désinfectant

infeksi

l'infection

virus

le virus

HIV/AIDS

le VIH / le sida

obat

le médicament

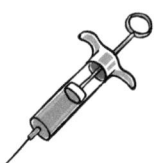

vaksinasi

la vaccination

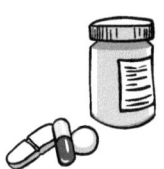

tablet

les comprimés

pil

la pilule

nomer telpon darurat

l'appel d'urgence

ngukur tensi getih

le tensiomètre

lara / waras

malade / sain

alarem

l'alarme

sergap

l'assaut

Tulung!

Au secours !

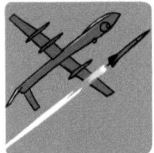

serangan

l'attaque

bebaya

le danger

lawang metu dharurat

la sortie de secours

Kobongan!

Au feu!

alat mateni geni

l'extincteur

kacilakan

l'accident

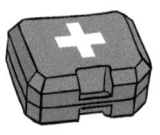

pitulungan wiwitan

la trousse de premier
secours

SOS

SOS

polisi

la police

Eropa

l'Europe

Amerika Lor

l'Amérique du Nord

Amerika Kidul

l'Amérique du Sud

Afrika

l'Afrique

Asia

l'Asie

Australia

l'Australie

Atlantik

l'Océan atlantique

Pasifik

l'Océan pacifique

Samudra Hindia

l'Océan indien

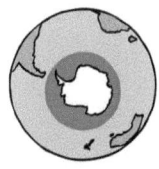

Samudra Antartika

l'Océan antarctique

Samudra Arktik

l'Océan arctique

Kutub Lor

le Pôle nord

Kutup Kidul

le Pôle sud

Antarktika

l'Antarctique

bumi

la terre

daratan

le pays

segara

la mer

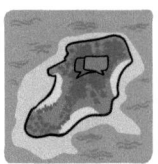

pulau

l'île

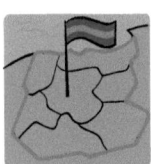

bangsa

la nation

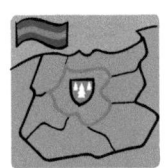

negara

l'état

layar jam

le cadran

dom jam

l'aiguille des heures

dom menit

l'aiguille des minutes

dom detik

l'aiguille des secondes

Jam piro saiki?

Quelle heure est-il ?

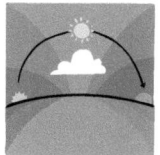

dina

le jour

wektu

le temps

saiki

maintenant

jam digital

la montre digitale

menit

la minute

jam

l'heure

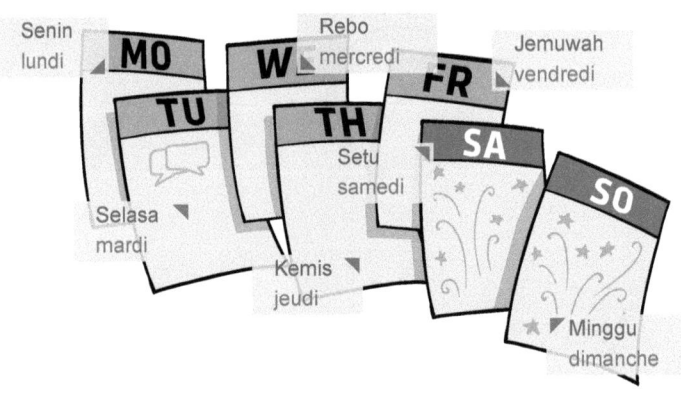

Senin
lundi

MO

Rebo
mercredi

W

Jemuwah
vendredi

FR

TU

TH

SA

SO

Setu
samedi

Selasa
mardi

Kemis
jeudi

Minggu
dimanche

wingi

hier

saiki

aujourd'hui

sesuk

demain

esuk

le matin

awan

le midi

bengi

le soir

dina kerja

les jours ouvrables

akhir minggu

le week-end

tahun
l'année

udan es
la pluie
kluwung
l'arc-en-ciel
salju
la neige
angin
le vent
musim semi
le printemps
mangsa gugur
l'automne
musim ketigo
l'été
mangsa adem
l'hiver

4.APRIL 11°
5.APRIL 4°
6.APRIL 13°
7.APRIL 8°
8.APRIL 10°

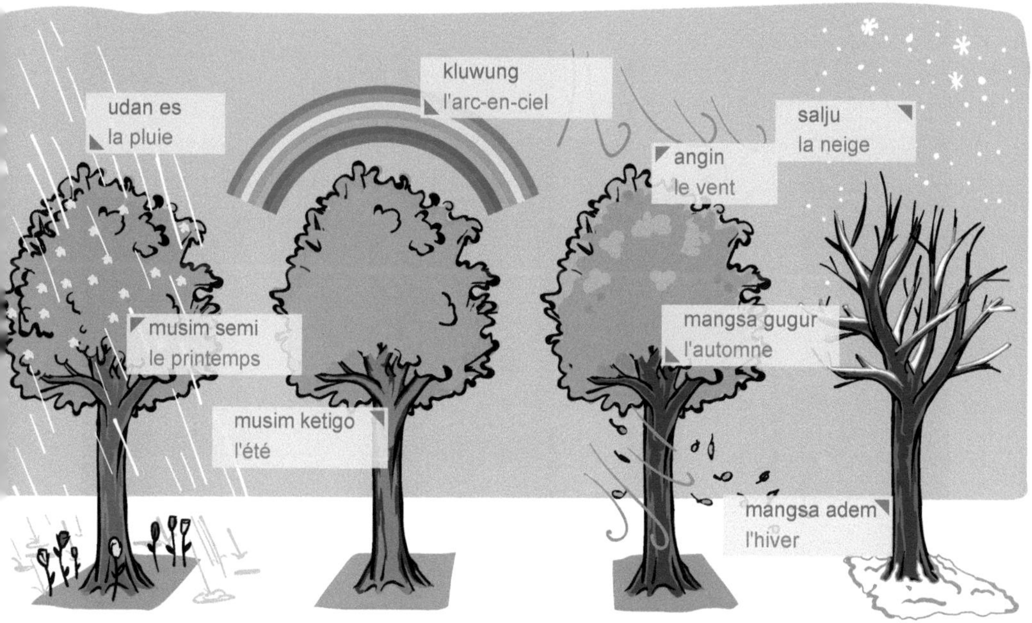

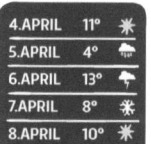

ramalan cuaca

la météo

F C
120 40
90 30
60 20
30 10
0 0
-30 -10
-20

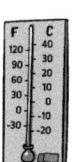

termometer

le thermomètre

srengenge

la lumière du soleil

mendhung

le nuage

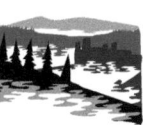

kabut

le brouillard

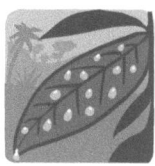

kelembapan

l'humidité

kilat

la foudre

bledheg

la tonnerre

badai

la tempête

udan es

la grêle

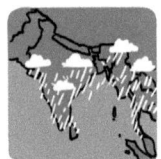

muson

la mousson

banjir

l'inondation

es

la glace

Januari

janvier

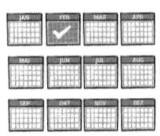

Februari

février

Maret

mars

April

avril

Mei

mai

Juni

juin

Juli

juillet

Agustus

août

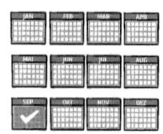

September
....
septembre

Oktober
....
octobre

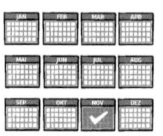

Nopember
....
novembre

Desember
....
décembre

bunder
....
le cercle

kuadrat
....
le carré

segi papat
....
le rectangle

segi telu
....
le triangle

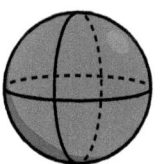

bal
....
la sphère

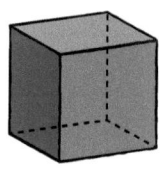

kubus
....
le cube

putih

blanc

kuning

jaune

oranye

orange

jambon

rose

abang

rouge

ungu

violet

biru

bleu

ijo

vert

coklat

marron

abu-abu

gris

ireng

noir

akeh / sithik

beaucoup / peu

nesu / kalem

fâché / calme

ayu / elek

joli / laid

pawitan / pungkasan

le début / la fin

gede / cilik

grand / petit

padhang / peteng

clair / obscure

sedulur lanang / sedulur wadon

frère / soeur

resik / reged

propre / sale

pepak / ora pepak

complet / incomplet

awan / bengi

le jour / la nuit

mati / urip

mort / vivant

jembar / sempit

large / étroit

iso dipangan / ora iso dipangan

comestible / incomestible

ala / becik

méchant / gentil

seneng / bosen

excité / ennuyé

lemu / kuru

gros / mince

pisanan / pungkasan

le premier / le dernier

kanca / musuh

l'ami / l'ennemi

kebak / kosong

plein / vide

atos / empuk

dur / souple

abot / enteng

lourd / léger

luwe / wareg

faim / soif

lara / waras

malade / sain

illegal / legal

illégal / légal

pinter / bodo

intelligent / stupide

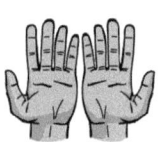

kiwa / tengen

gauche / droite

cedhak / adoh

proche / loin

anyar / lawas
....
nouveau / usé

ora ana / ana
....
rien / quelque chose

tuwa / enom
....
vieux / jeune

urip / mati
....
marche / arrêt

buka / tutup
....
ouvert / fermé

anteng / rame
....
faible / fort

sugeh / mlarat
....
riche / pauvre

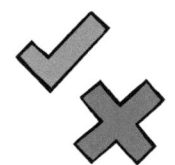

bener / salah
....
correct / incorrect

kasar / alus
....
rugueux / lisse

susah / seneng
....
triste / heureux

cendhak / dawa
....
court / long

alon / banter
....
lent / rapide

teles / garing
....
mouillé / sec

anget / adem
....
chaud / froid

perang / tentrem
....
la guerre / la paix

0 nol zéro	**1** siji un / une	**2** loro deux
3 telu trois	**4** papat quatre	**5** limo cinq
6 enem six	**7** pitu sept	**8** wolu huit
9 songo neuf	**10** sepuluh dix	**11** sewelas onze

12

rolas

douze

13

telulas

treize

14

patbelas

quatorze

15

limolas

quinze

16

nembelas

seize

17

pitulas

dix-sept

18

wolulas

dix-huit

19

songolas

dix-neuf

20

rong puluh

vingt

100

satus

cent

1.000

sewu

mille

1.000.000

sak yuto

le million

basa Inggris

l'anglais

basa Inggris Amerika

l'anglais américain

basa Cina Mandarin

le chinois mandarin

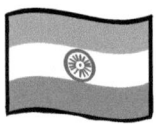

basa Hindi

le hindi

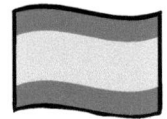

basa Spanyol

l'espagnol

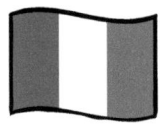

basa Prancis

le français

basa Arab

l'arabe

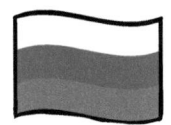

basa Rusia

le russe

basa Portugis

le portugais

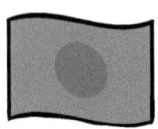

basa Bengali

le bengali

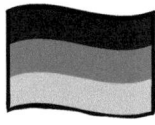

basa Jerman

l'allemand

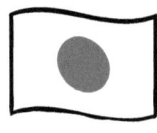

basa Jepang

le japonais

aku

je

kowe

tu

dheweke

il / elle / ce, c', cela

kita

nous

kowe kabeh

vous

dheweke kabeh

ils / elles

sapa?

Qui ?

apa?

Quoi ?

piye?

Comment ?

neng endi?

Où ?

kapan?

Quand ?

jeneng

le nom

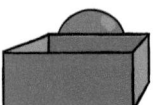

mburi

derrière

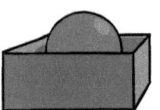

ing jero

dans

ing ngarep

devant

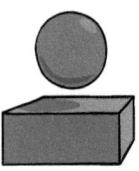

ing dhuwure

au-dessus

ing

sur

ing ngisore

en-dessous

sisih

à côté de

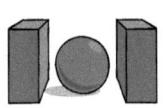

antarane

entre

panggonan

le lieu